Dorfstille

Holunderduft liegt
auf der Dorfesgasse –
die Hüttenfenster
gleißen sonnenbunt.
Die Büsche schatten breit –
es fliegen blasse
und volle Blüten schwebend
hin im Rund.

Alberta von Puttkamer (1849-1923)

Christine Pfützner

Holunder
REZEPTE

VERLAG FÜR DIE FRAU
BUCH

Wir danken der Firma CMA
für die freundliche Unterstützung.

ISBN 3-89798-172-6

Einband, Satz, Repro, Typografie:
Ingo Engel
Fotos: Christine Paxmann,
CMA (S. 34, 49, 51, 67, 81, 106, 115)
Titelbild: Christine Paxmann
Druck: Klingenberg Buchkunst Leipzig
Buchbindearbeiten:
Müller Buchbinderei GmbH, Leipzig

Printed in Germany
www.buchverlag-fuer-die-frau.de

Inhalt

Vorwort

Nicht umsonst ranken sich zahlreiche Mythen und Legenden um den Holunder, denn er ist unglaublich vielseitig.
Aus seinen duftenden Blüten und den aromatischen Beeren lassen sich nicht nur herrliche Speisen und Getränke zaubern, sondern sie gehörten früher, wie auch die Wurzeln und Rinde, in jede gut sortierte Hausapotheke – und sogar für kosmetische Zwecke lässt sich der Hollerbusch verwenden.
Im ersten Teil dieses Büchleins finden Sie neben Informationen rund um die Pflanze und ihre Inhaltsstoffe einige bewährte Rezepte aus der

Volksmedizin, um schneller wieder gesund zu werden.
Der zweite Teil befasst sich mit den kulinarischen Genüssen. Hier finden Sie, getrennt nach Blüten, Beeren und Saft, Rezepte für jeden Geschmack und Schritt für Schritt genau erklärt, sodass auch Ungeübte sich schnell zurecht finden werden – egal ob Klassiker wie Hollerküchlein, Fliedersuppe und Holundersekt oder leckere Desserts, raffinierte Backwaren und aromatische Getränke. In diesem Sinn – viel Spaß beim Ausprobieren!

Frau Holles Lieblingsbaum

In alten Zeiten war der Holunder, auch *Alhorn, Eiderbaum, Elder, Ellhorn, Eller, Flieder, Fliederbeere, Hölder, Holder, Holderbaum, Holler, Huskolder, Keilken, Kisseke, Zibke* oder *Schwarzholder* genannt, der Wohnsitz der gütigen Erd- und Fruchtbarkeitsgöttin *Holla* oder *Holda*, die wir als Frau Holle aus dem Märchen kennen und die ihre Betten im Himmel so fest ausschüttelt, dass es auf der Erde schneit (wobei die feinen weißen Holunderblüten den Schnee symbolisieren). In anderer Gestalt taucht sie in einer dänischen Sage auf, nach der im Holunder die Holdermutter (Hyldemoer) wohnt,

die jeden verfolgt, der grundlos Äste ihres Baums abschlägt.
Bei den Germanen, vor allem in Bayern, Schwaben und im Elsass, wurde Holla als die hilfreiche weise Göttin verehrt, der unter dem Holunderbaum Opfer dargebracht wurden, denn sie schützte Pflanzen, Tiere und Menschen vor Unglück und Krankheit. Deshalb war es auch streng verboten, einen Holunder zu fällen, da sonst unweigerlich eine schlimme Krankheit drohte. Noch im 17. und 18. Jhdt. bat man einen Holunderbusch um Verzeihung, wenn er gefällt werden musste, um daraus beispielsweise Arzneien herzustellen. Auch in Schlesien wurde den Kindern beigebracht, niederzuknien und den

Strauch um Vergebung zu bitten mit den Worten: „Frau Ellhorn, gib mir was von deinem Holz, dann will ich dir auch was von meinem geben", ehe man Äste vom Holunderbusch abbrechen durfte.

Aber nicht nur wegen der gütigen Göttin Holla, sondern auch wegen der Heilkraft seiner Wurzeln, Rinde, Blüten und Beeren galt der Holunder lange Zeit als Glückssymbol. So war man sicher, dass der Holunder-Zauberstab einer Hexe besonders starke Magie besitze, bzw. dass Holunder vor schwarzer Magie schütze und dass ein Hollerbaum vor dem Stall Haus und Hof vor Feuer und Blitzschlag bewahre. Einer anderen Legende nach soll Maria auf der Flucht nach Ägypten unter einem Holunderbaum gerastet haben, weshalb vor jedem Holunder der Hut abgenommen werden musste, und es hieß, dass der ins Feenreich gelangt, der unter einem Hollerbusch einschläft.

Andererseits stand die rätselhafte Pflanze immer auch mit dem Tod in Verbindung: Mit einem Holunderzweig nahm man Maß am Verstorbenen, um den Sarg in der richtigen Größe anzufertigen, und der Kutscher auf dem Leichenwagen trug statt der Peitsche einen Hollerzweig. Von Tacitus ist überliefert, dass schon im alten Rom die Särge aus Holunderholz gefertigt wurden, und selbst das Kreuz Christi soll aus Holunderholz gezimmert worden sein.

Wissenswertes über den Holunder

Der robuste und äußerst anspruchslose Schwarze Holunder *(Sambucus nigra L.)* aus der Familie der Geißblattgewächse *(Caprifoliaceae)* wächst in ganz Europa meist an halbschattigen Wald- und Wegrändern, man findet ihn aber auch in Kleinasien, Westsibirien und in Nordafrika; in den Alpen ist er bis in mittlere Gebirgslagen anzutreffen.

Der flach wurzelnde Strauch mit seinen weit reichenden Wurzeln kann bis zu 7 Meter hoch werden. Seine bogenförmig ausladenden graubraunen Zweige mit rissiger Rinde und warzenähnlichen Punkten enthalten ein korkartiges weißes Mark.

Die etwa 12 cm langen, unpaarig gefiederten elliptischen Blätter sind am Rand gesägt.

Von Ende Mai/Anfang Juni bis in den Juli hinein erscheinen die kleinen weißen bis leicht gelblichen fünfstrahligen Blüten mit ihrem fruchtig-süßlichen Geruch, die bis zu 30 cm großen flachen Trugdolden anwachsen. Aus ihnen bilden sich die anfangs roten, später blauschwarzen etwa 5 mm großen Beeren mit violettem Fruchtfleisch und dunkelrotem Saft, die im August und September geerntet werden können.

Da die Beeren aufgrund ihres Sambunigrin-Gehalts (ein Blausäure-Glykosid) schwach giftig sind, dürfen sie nicht roh verzehrt werden, da es sonst zu Übelkeit mit Erbrechen und Durchfall kommen kann. Nach dem Erhitzen können sie jedoch bedenkenlos verwendet werden. Holunderbeeren lassen sich zudem gut einfrieren.

Die Beeren enthalten reichlich Vitamin C, viel Vitamin A, B1 und B2 sowie neben einigen Mineralstoffen, deren Gehalt von der jeweiligen Bodenbeschaffenheit abhängig ist, auch Apfel-, Zitronen-, Baldrian-, Essig-, Wein- und Gerbsäure.

Die Beerensamen enthalten Sambunigrin, Prunasin, Zierin, Holocalin, Vitamin B2, Vitamin C und Folsäure.

Tipp

Sammeln Sie die Blüten stets abseits der Straßen und schneiden Sie die Dolden möglichst mit einer Schere ab, um die Zweige nicht zu verletzen.

Zwergholunder

Der kleine Bruder des Schwarzen Holunders ist der nur 0,5 bis 1,5 m hohe Zwergholunder (*Sambucus ebulus*), dessen Verbreitungsgebiet von Südschweden über ganz Mitteleuropa bis nach Nordafrika und Vorderasien reicht. Im Juni erscheinen in schirmförmigen Trugdolden die Blüten, die leicht nach Bittermandel duften und rötlichweiße Kronblätter und purpurfarbene Staubbeutel haben. Aus ihnen entwickeln sich bis August/September die meist glänzend schwarzen Beeren, die wie die Blätter und Samen geringe Mengen an Blausäure-Glykosiden (Sambunigrin, Prunasin) enthalten und bei Genuss zu Erbrechen und Durchfall führen.

Holunder als Heilmittel

Holunder, der schon in der Antike als äußerst vielseitige Arznei galt und in den Aufzeichnungen von Hippokrates und Plinius, aber auch bei Hildegard von Bingen, Albertus Magnus und Paracelsus erwähnt wird, ist heute noch ein beliebtes Volksheilmittel, das häufig bei fieberhaften Erkältungskrankheiten wie Grippe, Schnupfen, Bronchitis oder Lungenentzündung eingesetzt wird. So ist beispielsweise ein „Fliedertee" (aufgrund seines früheren Namens „Flieder") aus Holunderblüten wegen seiner schweißtreibenden Wirkung ein bewährtes Haus-

mittel bei Fieber. Auch als beruhigende und schmerzlindernde Arznei bei Kopf- und Ohrenschmerzen oder bei Magenbeschwerden wird Holunder geschätzt, außerdem regt er den Stoffwechsel an und stärkt das Immunsystem.
Im Mittelalter wurde Holunderblütenwasser bei Geschwülsten, Wassersucht, Leber- und Milzleiden verordnet. Zur Heilung von Rheuma, Neuralgien und Ischias wird dagegen Holunderbeersaft empfohlen.
Die abgeschabte Rinde und die zerkleinerten Wurzeln werden als Abführmittel wie auch zur Anregung der Harnausscheidung und zum Entwässern bei Wasseransammlungen in den Beinen eingesetzt, darüber hin-

aus wirken sie leicht abführend. In der Homöopathie werden die Blätter und Blüten zu gleichen Teilen verwendet. *Sambucus nigra* hilft vor allem bei trockenem Schnupfen und Husten und gilt als bewährtes Schnupfenmittel bei Babys, wenn die Nase verstopft ist und das Kind beim Trinken keine Luft mehr bekommt. Zum Arzneimittelbild von *Sambucus nigra* gehören aber auch Koliken mit Übelkeit und Blähungen, Durchfall oder Wasseransammlungen in den Beinen.

Wenn der Holunder blüht,
legen die Hühner weniger.
Bauernregel

„Fliedertee“

Pro Tasse 2 Teelöffel Holunderblüten mit 200 Milliliter kochendem Wasser übergießen, zugedeckt 5 Minuten ziehen lassen, durch ein Teesieb gießen und langsam und schluckweise trinken (morgens, mittags und abends je 1 Tasse).

Erkältungsteemischung 1

1 TL Holunderblüten
1 TL Schafgarbe

Die Zutaten pro Tasse mit 200 Milliliter kochendem Wasser übergießen, zugedeckt 5 Minuten ziehen lassen, durch ein Teesieb gießen und langsam und schluckweise trinken (morgens, mittags und abends je eine Tasse).

Erkältungsteemischung 2

1 TL Holunderblüten
1 TL Lindenblüten
1 TL Huflattichblüten

Die Zutaten pro Tasse mit 250 Milliliter kochendem Wasser übergießen, zugedeckt 5 Minuten ziehen lassen, durch ein Teesieb gießen und langsam und schluckweise trinken (morgens, mittags und abends je eine Tasse).

Bei Ohrenschmerzen

1 Handvoll Holunderblüten in ein kleines Leinensäckchen geben, das Säckchen über Wasserdampf erwärmen und so warm wie möglich auf das erkrankte Ohr legen.

Bei Halsschmerzen

1 Handvoll Holunderblüten in 250 Milliliter heiße Milch streuen, 5 Minuten ziehen lassen und ein Leinentuch damit tränken. Den Umschlag warm um den Hals legen.

Bei Kopfschmerzen

Ein Leinentuch mit Holunderblütenessig (siehe Seite 105) tränken und auf den Nacken legen.

Holunder für die Schönheit

Holunderblütenwasser

HOLUNDERBLÜTENWASSER ERFRISCHT UND BELEBT DIE HAUT

5 frische, reife Holunderblütendolden
1 großes Stück unbeh. Zitronenschale
5 TL Zitronensaft

Die Blütendolden in eine Schüssel legen. Zitronenschale und -saft zufügen und alles mit 300 Milliliter kochendem Wasser übergießen.
Die Dolden zugedeckt 15 Minuten ziehen lassen. Das Blütenwasser

durch ein Sieb gießen, abkühlen lassen und in eine Flasche mit Schraubverschluss füllen.
Einen Wattebausch mit dem Holunderblütenwasser tränken und Gesicht, Hals und Dekolleté damit betupfen.

Holunderblütencreme

150 ml süßes Mandelöl
4 TL Lanolin (aus der Apotheke)
2 gestrichene EL getrocknete
Holunderblüten · 1 TL Honig

Mandelöl und Lanolin im Wasserbad erwärmen (das heißt, man nimmt eine Tasse oder eine Schale und stellt sie in einen mit Wasser gefüllten Topf, der auf dem Herd erhitzt wird). Die Holunderblüten dazugeben und die Mischung im Wasserbad bei schwacher Hitze 30 Minuten lang ziehen lassen. Die Creme durch ein feines Sieb filtern, den Honig einrühren und die Creme abkühlen lassen. Die Creme in ein hübsches Gefäß füllen.

Holunderöl

Holundersamenöl wird aus den Kernen der Beeren von wild wachsendem Holunder nach einem besonderen Kaltpressverfahren gewonnen. Es eignet sich hervorragend zur Pflege von trockener, leicht entzündlicher Haut, mildert unangenehmen Juckreiz, wirkt dem Feuchtigkeitsverlust der Haut entgegen und macht die Haut zart und weich. Ätherisches Holunderblütenöl *(Oleum Sambuci aethereum)* wird dagegen aus den Holunderblüten gewonnen und ist wegen der geringen Ausbeute sehr teuer; es wird ebenfalls zur Herstellung von Gesichtscremes verwendet.

Rezepte mit Holunderbeeren

Holunderbeersuppe

FÜR 4-5 PORTIONEN
750 g Holunderbeerdolden
1 EL Zitronensaft · 2 EL Zucker
1 Apfel · 200 ml Weißwein
1 EL Speisestärke
2 Scheiben Weißbrot
125 g Schmand

1 Die Holunderbeeren waschen, mit einer Gabel von den Stielen streifen und in einen Topf mit so viel Wasser geben, dass sie gut bedeckt sind. Die Beeren etwa 30 Minuten zugedeckt dünsten und die Kochflüssigkeit durch ein Sieb in einen zweiten Topf gießen. Die Beeren durch ein Sieb passieren und zusammen mit dem Zitronensaft und dem Zucker unterrühren.

2 Den Apfel schälen, das Kerngehäuse entfernen und den Apfel in schmale Schnitze schneiden. Die Apfelstücke in der Suppe weich kochen. Den Wein zufügen. Die Speisestärke mit etwas Wasser verrühren, zur Suppe geben und alles noch etwa 5 Minuten bei geringer Hitze kochen. Das Weißbrot rösten und in Würfel schneiden. Den Schmand in die Suppe rühren, kurz erhitzen und die Suppe mit den Croûtons bestreuen. Heiß servieren.

Holler-Pflaumen-Suppe

Für 4 Portionen
600 g Holunderbeerdolden
200 g reife Pflaumen · 100 g Zucker
Saft von 1 Zitrone · 2 Gewürznelken
2 TL Speisestärke
250 ml trockener Weißwein

1 Die Beeren waschen, mit einer Gabel von den Stielen streifen, in einem Topf mit 200 Milliliter Wasser aufkochen und 20 Minuten dünsten. Die Beeren durch ein Sieb streichen und mit der Kochflüssigkeit wieder in den Topf geben.

2 Die Pflaumen waschen, die Kerne entfernen und die Pflaumen in kleine Stücke schneiden. Pflaumen,

Zucker, Zitronensaft und Nelken mit dem Beerenpüree vermischen und nochmals aufkochen. Die Stärke mit etwas Wein verrühren, mit dem restlichen Wein in die Suppe rühren und kurz aufkochen.

Holunder-Rotkohl-Suppe

FÜR 4 PORTIONEN

1 kleine Zwiebel · 1 EL Butter
200 g Rotkohl · 1/2 Apfel · Salz
200 g Holunderbeeren ohne Stiel
300 ml Gemüsebrühe · 150 ml Apfelsaft
50 ml Rotwein · 2 EL Rotweinessig
1 Prise Nelkenpulver · 1 Msp. Ingwerpulver · 1 Msp. Korianderpulver
1-2 TL Speisestärke · 50 g saure Sahne

1 Die Zwiebel abziehen, fein würfeln und in der Butter anschwitzen. Den Rotkohl waschen, in dünne Streifen schneiden und 5 Minuten mitschwitzen.

2 Den Apfel schälen, fein würfeln und zusammen mit den Holunderbeeren, der Gemüsebrühe, dem Apfelsaft, Rotwein, Essig und den Gewürzen zugeben und alles 15 Minuten kochen.

3 Die Speisestärke mit etwas kaltem Wasser verrühren und unter Rühren zur Suppe geben. Die Suppe weitere 2 Minuten kochen und mit Salz abschmecken. Die saure Sahne unterrühren.

Norddeutsche Fliedersuppe

FÜR 4 PORTIONEN
500 g Holunderbeerdolden
abgeriebene Schale von
1/2 unbehandelten Zitrone · Zucker
2 TL Speisestärke · 60 ml Milch
etwas Zitronensaft · 1 Eiweiß

1 Die Beeren waschen, mit einer Gabel von den Stielen streifen und mit der Zitronenschale in 1 Liter Wasser zugedeckt 20 Minuten kochen. Die Beeren durch ein Sieb streichen und 2 EL Zucker einrühren. Die Speisestärke mit der Milch verrühren und in die Suppe geben. Die Suppe mit Zitronensaft und Zucker abschmecken.

2 Das Eiweiß steif schlagen. Vom Eischnee mit einem Teelöffel kleine Klößchen abstechen. Die Klößchen auf die Suppe setzen und 3 bis 5 Minuten ziehen lassen.

Hirschmedaillons in Holundersauce

FÜR 4 PORTIONEN

8 Hirschmedaillons · 8 Scheiben weißer Speck · Pfeffer · 2 EL Butterschmalz 50 g kalte Butter · 2 EL Rotweinessig Salz · 5 EL trockener Rotwein 200 g Holunderbeeren ohne Stiel 5 EL Holundersaft (siehe Seite 72) 5 EL Gemüsebrühe oder Wildfond (aus dem Glas)

1 Die Hirschmedaillons abspülen und mit Küchenpapier gut trockentupfen. Den Speck mit Küchengarn um den Rand der Medaillons binden. Das Fleisch mit Salz und Pfeffer würzen.

2 Butterschmalz und 1 Esslöffel Butter in einer Pfanne erhitzen und die Medaillons darin von jeder Seite 2 Minuten lang bei hoher Temperatur braten. Das Fleisch herausnehmen und warmstellen. Das Bratfett abschöpfen. Den Bratensatz mit Essig ablöschen, aufkochen, den Rotwein dazugießen und alles sirupartig einkochen lassen.

3 Holunderbeeren und -saft und die Brühe dazugeben und die Sauce auf die Hälfte einkochen lassen. Die Sauce pürieren und durch ein Haarsieb gießen. Alles mit Salz und Pfeffer abschmecken und die restliche kalte Butter nach und nach in die Sauce rühren. Die Medaillons mit der Sauce übergießen und zu Spätzle servieren.

Käsecreme mit Holundersauce

FÜR 4 PORTIONEN
200 g Doppelrahmfrischkäse
Saft von 1 Limette
50 g Zucker · 50 g Sahne
500 g Holunderbeeren ohne Stiel
120 ml Holundersaft
(siehe Seite 72 oder aus dem Reformhaus)
50 g Walnusshälften

1 Den Frischkäse mit dem Limettensaft und der Hälfte des Zuckers verrühren. Die Sahne steifschlagen und unterheben. Die Holunderbeeren waschen, trockentupfen und mit einer Gabel von den Stielen streifen.

Den Holundersaft mit dem restlichen Zucker aufkochen, die Holunderbeeren dazugeben und beides 2 Minuten auf kleiner Stufe kochen.

2 Die Frischkäsecreme in einen Spritzbeutel mit Sterntülle füllen und Rosetten auf die Servierteller spritzen. Die Beeren in der Sauce dazu anrichten und das Dessert mit den Walnusshälften garnieren.

Wenn der Holler blüht,
wird der Boden nicht trocken.
Bauernregel

Holunderspeise

Für 4-6 Portionen
1 kg Holunderbeerdolden · 30 g Butter
25 g Mehl · 150 g Sahne
100 ml Milch
100 g Zucker · 1/4 TL Zimtpulver
Schlagsahne, leicht gesüßt

1 Die Beeren an den Dolden waschen, trockentupfen und mit einer Gabel von den Stielen streifen. In einer weiten Pfanne die Butter zerlassen. Das Mehl einstreuen und unter ständigem Rühren hellbraun rösten.

2 Die Pfanne kurz vom Herd nehmen, Sahne und Milch unter Rühren zur Butter geben und die Sauce bei geringer Hitze glatt rühren. Die Holunderbeeren und 4 EL Zucker zufügen und alles bei niedriger Temperatur in etwa 20 Minuten zu einem dicken Mus einkochen.

3 Den restlichen Zucker mit dem Zimt mischen. Das Mus warm oder kalt mit Zimtzucker und leicht gesüßter Schlagsahne servieren.

Im April muss der Holunder
sprossen,
sonst wird des Bauern Mien'
verdrossen.
BAUERNREGEL

Hollerröster

FÜR 4-5 PORTIONEN
1 kg Holunderbeerdolden
150 g Pflaumen
1 Apfel · 20 cl Rotwein · 5 EL Zucker
1 Zimtstange · 5 Gewürznelken
1 Päckchen Vanillepuddingpulver
3 EL Sahne · Zucker zum Abschmecken
4-5 Scheiben Weiß- oder Schwarzbrot

1 Die Beeren waschen, mit einer Gabel von den Stielen streifen und in einem Topf mit Wasser bedeckt zum Kochen bringen. Die Pflaumen waschen, halbieren und entkernen. Den Apfel schälen, das Kerngehäuse entfernen, würfeln und mit den Pflaumen zu den Holunderbeeren geben.

Zucker, Wein, Zimtstange und Gewürznelken zugeben und alles in 20 bis 25 Minuten weich dünsten.

2 Das Puddingpulver mit etwas Wasser verrühren, zu den Holunderbeeren geben und alles nochmals kurz aufkochen. Die Sahne unterrühren und nach Belieben mit Zucker abschmecken. Hollerröster warm oder kalt mit klein geschnittenen Weiß- oder Schwarzbrotwürfeln servieren.

Gemischte Ausbackfrüchte

FÜR 4-5 PORTIONEN

125 g Mehl · 1 TL Backpulver
1 Ei · 1 Prise Salz
1 Päckchen Vanillezucker
1/2 l Weißwein · 2 reife Birnen
Saft von 1 Zitrone
2 säuerliche Äpfel
8 reife Holunderbeerdolden
2 Pfirsiche oder Nektarinen
1 kg Butterschmalz

1 Das Mehl mit dem Backpulver in einer Schüssel mischen. Das Ei, Salz und den Vanillezucker zufügen und den Wein zugießen. Alles zu einem glatten Teig verrühren und den Teig 30 Minuten ruhen lassen.

2 Inzwischen die Birnen vierteln, schälen und die Kerngehäuse entfernen. Die Viertel in dicke Scheiben schneiden und mit Zitronensaft beträufeln. Die Äpfel schälen, mit einem Apfelausstecher die Kerngehäu-

se herauslösen und die Äpfel in Ringe schneiden. Die Apfelringe ebenfalls mit Zitronensaft beträufeln.

3 Die Holunderbeerdolden kurz unter kaltem Wasser abbrausen und trockentupfen. Die Pfirsiche waschen, halbieren, den Stein entfernen und die Früchte in dicke Spalten schneiden.

4 Das Butterschmalz in einer Fritteuse oder in einem hohen Topf auf 180 °C erhitzen. Die Früchte nacheinander durch den Teig ziehen, kurz abtropfen lassen und im Fett in einigen Minuten goldgelb frittieren. Auf Küchenpapier kurz abtropfen lassen und warm stellen, bis alle Früchte frittiert sind. Zu kalter Vanillesauce oder Vanilleeis servieren.

Biskuitrolle mit Holundersahne

FÜR ETWA 12 STÜCKE

4 Eier · 120 g Puderzucker · 1 Prise Salz
2 TL abgeriebene unbeh. Zitronenschale
80 g Mehl · 60 g Speisestärke
5 EL Zucker für das Tuch · 50 g Honig
200 g aromatische Äpfel · 4 EL Apfelsaft
400 g Holunderbeeren ohne Stiel
250 g Quark · 1 Msp. Zimt · 200 g Sahne
2 EL Puderzucker zum Bestäuben

1 Den Backofen auf 220 °C (Gas Stufe 4-5) vorheizen. Ein Backblech mit Backpapier auslegen. Die Eier trennen. Eigelbe, Puderzucker, Salz, Zitronenschale und 2 Esslöffel lauwarmes Wasser mit dem Handrührgerät in etwa 5 Minuten hellschaumig schlagen. Mehl und Speisestärke mischen, sieben und portionsweise mit dem Schneebesen unterrühren. Die Eiweiße sehr steif schlagen und mit dem Schneebesen unterheben.

2 Die Biskuitmasse auf dem Backpapier verteilen, mit einem großen, breiten Messer glatt streichen. Auf der mittleren Schiene in etwa 12 Minuten goldgelb backen. Inzwischen ein Küchentuch mit Zucker bestreuen und den Zucker gleichmäßig mit den Händen auf dem Tuch verteilen.

3 Den Biskuit aus dem Ofen nehmen und sofort vorsichtig kopfüber auf das mit Zucker bestreute Tuch stürzen. Das Backpapier vorsichtig abziehen. Tuch und Biskuit zusammen von der

Längsseite her langsam aufrollen und den Biskuit abkühlen lassen.

4 Inzwischen die Äpfel schälen, vierteln, entkernen, in kleine Stücke schneiden und mit den Holunderbeeren im Apfelsaft bei geringer Hitze 8 Minuten dünsten. Alles durch ein Sieb passieren und das Fruchtpüree mit Honig, Quark und Zimt verrühren. Die Sahne steifschlagen und unterheben.

5 Den abgekühlten Biskuit vorsichtig entrollen und die Holundersahne auf dem Biskuit verstreichen. Auf allen Seiten einen Rand frei lassen. Den Biskuit mit Hilfe des Tuchs langsam wieder aufrollen. Die Biskuitrolle 1 Stunde kühl stellen, mit Puderzucker bestäuben und servieren.

Holunderbeerkuchen

FÜR ETWA 12 STÜCKE

220 g Mehl · 125 g kalte Butter
1 Prise Salz · 1-2 EL saure Sahne
Butter für die Form · Mehl zum Ausrollen
500 g Holunderbeeren ohne Stiel
4 EL Zucker · 1 Päckchen Vanillezucker
150 g abgezogene gehackte Mandeln
abgeriebene Schale von 1/2 unbeh. Zitrone
1/2 TL Zimtpulver
1 TL Rum oder Kirschwasser · 3 Eiweiß

1 Das Mehl, die Butter in Stücken und das Salz zu einem krümeligen Teig verarbeiten. Saure Sahne zufügen und mit den Händen gut durchkneten, bis ein glatter Teig entsteht, den Teig 1 Stunde kaltstellen. Eine

Springform von 26 cm Durchmesser einfetten. Den Teig auf ein wenig Mehl etwas größer als die Springform ausrollen, die Form damit auslegen und einen kleinen Rand hochziehen.

2 Die Holunderbeeren in einen Topf geben, mit Zucker bestreuen. Auf kleinster Flamme 3 Minuten erhitzen. Vanillezucker, Mandeln, Zimtpulver, Zitronenschale und Rum dazu geben und alles gut vermischen. Die Eiweiße steif schlagen und unterheben.

3 Den Backofen auf 200 °C (Gas Stufe 3-4) vorheizen. Die Masse in die Springform füllen und den Kuchen etwa 40 Minuten backen. Den Kuchen 15 Minuten ruhen lassen, den Springformrand entfernen und auf einem Kuchengitter abkühlen lassen.

Holunderbeertörtchen

Für 6 Stück

150 g Mehl · 1 Prise Salz · 75 g Butter
70 g Zucker · 6 Holunderbeerdolden
1 TL abgeriebene unbeh. Zitronenschale
100 g Kaffeesahne (10%) · 1 Ei
1 EL Vanillezucker · 1/4 TL Zimtpulver

1 Mehl, Salz, Butter, 30 g Zucker, Zitronenschale und 2 Esslöffel Wasser zu einem glatten Teig verkneten. Falls der Teig zu trocken ist und bröckelt, teelöffelweise noch etwas kaltes Wasser zugeben und unterkneten.

2 6 Obstkuchenförmchen von 8 cm Durchmesser mit dem Teig auslegen und dabei rundherum einen Rand hochziehen. Die Teigböden mit einer Gabel mehrmals einstechen und 30 Minuten kalt stellen.

3 Die Kaffeesahne mit dem Ei, dem Vanillezucker und dem Zimtpulver verrühren. Die Holunderbeeren waschen, trockentupfen und mit einer Gabel von den Stielen streifen. Die Förmchen auf einen Rost in den kalten Backofen auf die mittlere Schiene stellen und bei 200 °C (Gas Stufe 3-4) 5 Minuten vorbacken.

4 Die Törtchen herausnehmen, mit Holunderbeeren belegen, mit dem restlichen Zucker bestreuen und der Eiersahne übergießen. Weitere 15 Minuten backen. Die Törtchen herausnehmen, 30 Minuten ruhen lassen, aus den Formen lösen und auf einem Kuchengitter abkühlen lassen.

Holunder-Mandel-Muffins

Für 12 Stück

300 g Mehl · 50 g brauner Zucker
4 TL Backpulver · 1 Prise Salz
60 g geschälte gehackte Mandeln
100 g Holunderbeeren ohne Stiel
2 Eier · 200 ml Milch
4 Esslöffel flüssige Butter
etwas Butter zum Einfetten
1 EL Schlehenlikör · 1 EL Rosenwasser

1 Mehl, Zucker, Backpulver und Salz in einer Schüssel vermischen. Die Mandeln und Holunderbeeren gut unterrühren, so dass sie vom Mehl umhüllt sind.

2 In einer zweiten Schüssel die Eier mit der Milch verquirlen. Nach und nach die flüssige Butter, den Likör und das Rosenwasser einrühren. In die Mitte der Mehlmischung eine Mulde drücken und die Eiermilch hineingießen. Alle Zutaten gründlich verrühren.

3 Den Backofen auf 200 °C (Gas Stufe 3-4) vorheizen. 12 tiefe Muffinförmchen leicht einfetten. Den Teig mit einem Löffel hineingeben und die Muffins 20 bis 25 Minuten im Ofen backen, bis sie braun werden. Die Muffins auf einem Kuchengitter auskühlen lassen und mit Butter servieren.

Holunderbeer-Hafer-Muffins

Für 14 Stück

150 g weiche Butter · 2 Eier
180 g brauner Zucker
1 Päckchen Vanillezucker
300 g saure Sahne · 200 g Mehl
60 g zarte Haferflocken
2 TL Backpulver · 1/2 TL Natron
150 g Holunderbeeren ohne Stiel
Butter zum Einfetten
Puderzucker zum Bestäuben

1 Butter, Eier, Zucker, Vanillezucker und die saure Sahne schaumig rühren. Das Mehl mit den Haferflocken, dem Backpulver und dem Natron dazu geben und alles gründlich zu einem glatten Teig verrühren. Die Holunderbeeren unterheben.

2 Den Backofen auf 200 °C (Gas Stufe 3-4) vorheizen. 14 tiefe Muffinförmchen leicht einfetten. Den Teig in den Förmchen verteilen und im Ofen 20 bis 25 Minuten backen. Die Muffins auf einem Kuchengitter auskühlen lassen und mit Puderzucker bestäubt servieren.

Holunder-Kürbis-Kompott

Für etwa 5 Gläser
à 500 Gramm

200 ml Apfelessig
750 g Kürbiswürfel
500 g Holunderbeeren ohne Stiel
Zucker · Saft von 1/2 Zitrone

1 Den Essig mit 1,3 Liter Wasser mischen und die Kürbiswürfel darin über Nacht einlegen. Den Kürbis in einem Sieb gut abtropfen lassen. **2** Die Holunderbeeren in 0,5 Liter Wasser 25 Minuten zugedeckt kochen. Den Saft durch ein Tuch gießen, abwiegen, mit der gleichen Menge Zucker und dem Zitronensaft mischen und aufkochen. Die

Kürbiswürfel zufügen und bei milder Hitze gar ziehen lassen. Den Kürbis in Schraubgläser füllen, mit dem kochendheißen Saft auffüllen und die Gläser gut verschließen.
Zum Servieren mit Blaubeeren dekorieren.

Holunder-Brombeer-Marmelade

FÜR 4 GLÄSER À 500 GRAMM
350 g Holunderbeerdolden
700 g Brombeeren · 1 kg Gelierzucker
Saft von 1 kleinen Orange
1 TL abgeriebene unbehandelte Orangenschale

1 Die Holunderbeeren waschen, trockentupfen und mit einer Gabel von den Stielen streifen. Die Brombeeren verlesen. Die Beeren in einem Topf mit einer Gabel zerdrücken, mit dem Gelierzucker mischen und zugedeckt über Nacht ziehen lassen.
2 Orangensaft und -schale zufügen, alles zum Kochen bringen und die

Marmelade 4 Minuten sprudelnd kochen. Noch heiß in saubere, heiß ausgespülte Gläser mit Schraubverschluss füllen und die Gläser fest verschließen.

Holunder-
Zwetschgen-Marmelade

FÜR 3 GLÄSER À 500 GRAMM

3 aromatische Äpfel · 700 g Zwetschgen
350 g Holunderbeerdolden
1 Packung Geliermittel (2:1)
400 g Zucker · 1 TL Zitronensäure
Saft von 2 Zitronen

1 Die Äpfel waschen und mit der Schale und Kerngehäuse in kleine Stücke schneiden. Die Apfelstücke in wenig Wasser in einigen Minuten weich dünsten und durch ein Sieb in einen Topf passieren. Die Zwetschgen waschen, vom Kern befreien und klein schneiden. Die Holunderbeeren waschen, trockenschütteln und mit einer Gabel von den Stielen streifen.

2 Zwetschgen und Holunderbeeren mit dem Apfelmus vermischen. Geliermittel, Zucker, Zitronensäure und Zitronensaft zugeben. Alles zum Kochen bringen und 1 bis 2 Minuten bei starker Hitze kochen. Die heiße Marmelade in saubere, heiß ausgespülte Gläser füllen und die Gläser gut verschließen.

Holunderbeer-Pickles

FÜR 4 GLÄSER À 400 GRAMM

300 g Holunderbeerdolden
je 250 g kernlose Weintrauben, Birnen, Zwetschgen
250 g kleine Zwiebeln
200 g Sellerieknolle
2 cm Ingwerwurzel
50 ml Essig · 80 ml Weißwein
350 g brauner Zucker
2 Gewürznelken
Salz · Cayennepfeffer

1 Die Holunderbeeren waschen, mit einer Gabel von den Stielen streifen, in wenig Wasser in etwa 20 Minuten weich kochen und durch ein feines Sieb passieren.

2 Die Trauben waschen und halbieren, die Birnen schälen, entkernen und in Spalten schneiden, die Zwetschgen waschen, entkernen und vierteln, die Zwiebeln abziehen und vierteln, den Sellerie schälen und in dünne Stifte schneiden, den Ingwer schälen und fein hacken.

3 Holunder, Früchte, Zwiebeln und Sellerie mit Essig und Wein aufkochen. Zucker, Ingwer und Nelken zugeben und auf kleiner Flamme kochen, bis die Flüssigkeit fast verdampft ist, hin und wieder umrühren.

4 Die Pickles mit Salz und Cayennepfeffer abschmecken, in saubere, heiß ausgespülte Schraubgläser füllen und fest verschließen. Zu Braten oder Aufschnitt servieren.

Holunderbeersaft

FÜR 2 FLASCHEN À 0,4 LITER
1,2 kg Holunderbeeren
100 g Honig

1 Die Holunderbeeren waschen, mit einer Gabel von den Stielen streifen, in 200 Milliliter Wasser in etwa 20 Minuten weich dünsten und durch ein sauberes Küchentuch gießen.

2 Den Honig unterrühren, nochmals aufkochen und den Saft kochendheiß in heiß ausgespülte Flaschen mit Schraubverschluss füllen. Die Flaschen sofort verschließen. Köstlich als Schorle oder zu Sekt und Prosecco.

Holunderbeerlikör

Für etwa 2,5 Liter
650 g Holunderbeeren ohne Stiel
1/2 Vanilleschote
1/2 unbehandelte Zitrone
500 g Zucker
350 ml Rum (54%) · 350 ml Korn

1 Die Holunderbeeren in einem Topf mit 1 Liter Wasser bedeckt zusammen mit der längs aufgeritzten Vanilleschote aufkochen. Die Zitrone in Scheiben schneiden, zufügen und die Beeren zugedeckt etwa 1 Stunde bei geringer Hitze kochen.
2 Alles durch ein sauberes Tuch gießen und den Saft mit dem Zucker verrühren. Den Saft nochmals auf-

kochen und abkühlen lassen. Den Rum und den Korn dazugießen und alles gut verrühren. Den Likör in saubere Flaschen füllen, fest verschließen und an einem kühlen, dunklen Platz mindestens 4 Wochen ziehen lassen.

Wie der Holunder blüht,
Rebe auch und Lieb' erglüht.
Blühen beid' im Vollmondschein,
gibt's viel Glück und guten Wein.
BAUERNREGEL

Rezepte mit Holunderblüten

Hollerküchlein

FÜR 1 PORTION
2 EL Zitronensaft
3 Holunderblütendolden
50 g Mehl · 1 Prise Salz · 1 Ei
etwa 100 ml Milch
Sonnenblumenöl oder Butterschmalz
Zucker · Zimt

1 In einer Schüssel 1 l Wasser mit dem Zitronensaft mischen und die Blütendolden hineinlegen.

2 Aus Mehl, Salz, Ei und Milch einen dickflüssigen Teig rühren.

Reichlich Sonnenblumenöl oder Butterschmalz erhitzen. Die Blütendolden herausnehmen, mit Küchenpapier vorsichtig trockentupfen, in den Teig tauchen und im Fett mit dem Stielende nach oben in 2 bis 3 Minuten knusprig ausbacken.

3 Die Hollerküchlein kurz auf Küchenpapier abtropfen lassen, mit Zucker und Zimt bestreuen und noch heiß zu Eis, Kompott oder Erdbeeren servieren.

Holunderblüten-Mousse

Für 2 Portionen

5 Holunderblütendolden · 250 g Sahne
Puderzucker und Zitronensaft
nach Belieben

1 Die Blütendolden kurz waschen, trockentupfen und zusammen mit der Sahne in einen Topf geben. Die Sahne langsam aufkochen, vom Herd nehmen, 15 Minuten ziehen lassen und durch ein Sieb gießen.

2 Die Sahne kaltstellen und steifschlagen. Den Puderzucker dabei einrieseln lassen und die Mousse mit etwas Zitronensaft abschmecken.

◀ *Holunderblüten-Mousse mit Sahne*

Hollerkiachl

FÜR 2 PORTIONEN

6 Holunderblütendolden · 80 g Mehl
80 ml Weißwein
1 Prise Salz · 2 Eier
2 EL Rum · reichlich Butterschmalz
Puderzucker zum Bestäuben

1 Die Dolden kurz kalt abspülen und trockentupfen. Mehl, Wein und Salz, Eier und Rum verrühren, sodass ein dünnflüssiger Teig entsteht, gegebenenfalls noch etwas Wein unterrühren. Den Teig 30 Minuten ruhen lassen.

2 Das Fett in einer Fritteuse auf 180 °C erhitzen. Die Holunderdolden am Stiel fassen, nacheinander durch den Teig ziehen und im heißen Fett in 2 bis 3 Minuten knusprig backen. Die Dolden auf Küchenpapier abtropfen lassen, mit Puderzucker bestäuben und servieren.

Holunderküchlein mit gebackenen Erdbeeren

FÜR 4 PORTIONEN

370 g Mehl · 250 ml Bier
1 EL Sonnenblumenöl · 1 Prise Salz
2 EL Zucker · 2 Eigelb · 3 Eiweiß
4 reife Holunderblütendolden
20 mittelgroße Erdbeeren
Butterschmalz zum Backen
Puderzucker zum Bestäuben
Schlagsahne

1 Das Mehl in eine Schüssel sieben. Bier, 150 Milliliter Wasser, Öl, Salz, 1 Prise Zucker und Eigelbe zufügen und alles zu einem glatten Teig verrühren. Den Teig 30 Minuten ruhen lassen. Die Eiweiße steif schlagen und den Eischnee unter den Teig unterheben.

2 Holunderblüten und Erdbeeren kurz waschen und trockentupfen. Die Erdbeeren im restlichen Zucker wenden. Reichlich Butterschmalz auf 180 °C erhitzen.

3 Die Holunderblüten in den Teig tauchen, etwas abtropfen lassen und mit dem Stielende nach oben im heißen Fett 2 bis 3 Minuten backen. Die Erdbeeren bis zum Stielansatz in den Teig tauchen und ebenfalls kurz ausbacken. Holunderblüten und Erdbeeren abtropfen lassen, mit Puderzucker bestreuen und zu Schlagsahne servieren.

Holunderküchlein mit Kirschsauce

Für 4 Portionen
450 g Kirschen (aus dem Glas)
150 ml Rotwein · 1 EL Honig
1 EL Kirschwasser · 150 g Mehl
3 Eigelb · 250 ml Milch · Salz
3 Eiweiß · 1 Päckchen Vanillezucker
12 reife Holunderblütendolden
1 kg Butterschmalz

1 Die Kirschen in ein Sieb abgießen, im Wein kurz aufkochen, im Mixer pürieren und durch ein Sieb streichen. Die Sauce mit Honig und Kirschwasser abschmecken.

2 Das Mehl in eine Schüssel geben und in die Mitte eine Mulde drücken. Eigelbe, Milch, Salz und 50 ml Wasser verquirlen und die Mischung nach und nach von der Mitte aus mit dem Mehl verrühren. Den Teig 30 Minuten ruhen lassen.

3 Die Eiweiße mit dem Vanillezucker steif schlagen und unter den Teig heben. Die Holunderblüten kurz unter kaltem Wasser abspülen und mit Küchenpapier vorsichtig trockentupfen.

4 Das Butterschmalz in einer Fritteuse auf 180 °C erhitzen. Die Dolden nacheinander in den Teig tauchen, im heißen Fett mit dem Stielende nach oben in 2 bis 3 Minuten knusprig ausbacken, kurz auf Küchenpapier abtropfen lassen und auf Tellern anrichten. Die Kirschsauce dazu servieren.

Holunderpfannkuchen

Für 8 Stück

250 g Mehl · 100 g Instant-Haferflocken
4 Eier · 1/2 TL Salz · 500 ml Milch
8 Holunderblütendolden · 8 EL Butter
Zucker zum Bestreuen

1 Mehl und Haferflocken in einer Schüssel mischen. Eier, Salz und Milch zufügen und alles mit dem Handrührer zu einem glatten Teig verrühren. Den Teig etwa 15 Minuten ruhen lassen. Die Blütendolden kurz waschen, trockentupfen und die Stiele dicht an der Blüte abschneiden.

2 In einer Pfanne 1 EL Butter erhitzen. Mit einem Schöpflöffel etwas

Teig hineingießen und auf dem Pfannenboden verteilen. Die Blüten einer Dolde darüber streuen und etwas eindrücken. Wenn der Rand goldgelb ist, den Pfannkuchen wenden, auf der Unterseite goldgelb backen, herausnehmen und warm stellen. Die restlichen 7 Pfannkuchen auf die selbe Weise backen und mit Zucker bestreut servieren.

Vor dem Holunder
soll man den Hut abnehmen,
vor einem Wachholderbaum
muss man in die Knie gehen.
Bauernregel

Holunder-Fladenbrot

Für etwa 8 Stück
500 g Mehl · 1/2 Hefewürfel (20 g)
150 g Zucker · 150 g Butter · 3 Prisen
Salz · 5 reife Holunderblütendolden
100 g Quark · 100 g saure Sahne · 2 Eier

1 Das Mehl in eine Schüssel sieben und eine Mulde eindrücken. Die Hefe in etwas lauwarmes Wasser bröckeln und 1 TL Zucker zugeben. Das Hefewasser in die Mulde gießen und mit etwas Mehl verrühren. Den Vorteig gehen lassen, bis er sein Volumen verdoppelt hat. 50 Gramm Zucker, 100 Gramm Butter, 250 Milliliter Wasser und das Salz zufügen und alles zu einem glatten Teig verkneten.

Den Teig zugedeckt an einem warmen Ort 1 Stunde gehen lassen.

2 Inzwischen die Holunderblüten kurz abspülen, trockentupfen und mit einer Gabel von den Stielen streifen. Die restliche Butter mit dem übrigen Zucker cremig rühren. Quark, saure Sahne und die Eier unterrühren und die Blüten vorsichtig unterheben.

3 Den Backofen auf 200 °C (Gas Stufe 3-4) vorheizen. Aus dem Teig runde Fladen von 15 cm Durchmesser formen. Mit dem Finger jeweils eine leichte Vertiefung in die Mitte drücken und die Quarkmasse darauf streichen. Ein Backblech mit Backpapier auslegen. Die Fladen auf das Blech legen und im Ofen 30 bis 35 Minuten backen.

Holunderblüten-Sorbet

Für 7-8 Portionen
6 Holunderblütendolden · 120 g Zucker
500 ml trockener Weißwein
Saft und Schale von 1 unbeh. Zitrone
1 Eiweiß · 1 Flasche Sekt

1 Die Holunderblüten waschen, trockentupfen und in eine Metallschüssel legen. Den Zucker unter Rühren im Wein auflösen und zusammen mit Zitronensaft und -schale über die Blüten gießen. Alles 2 Stunden ziehen lassen. Die Flüssigkeit durch ein Sieb gießen, ins Gefrierfach stellen und leicht anfrieren lassen.

2 Das Eiweiß zu Schnee schlagen und unter die Sorbetmasse rühren.

Das Sorbet nochmals 30 Minuten ins Gefrierfach stellen und in angefrosteten Gläsern mit Sekt aufgegossen servieren. Köstlich auch mit Erdbeeren.

Holunderweincreme

Für 6 Portionen

5-6 Holunderblütendolden · 60 g Zucker
250 ml trockener Weißwein · 4 frische Eier
6 Blatt weiße Gelatine · 250 g Sahne

1 Die Holunderblüten waschen, trockenschütteln und in einer Schüssel mit dem Wein übergießen. Den Wein über Nacht ziehen lassen und durch ein Haarsieb in ein Gefäß abseihen.

2 Die Eier trennen und die Eigelbe mit dem Zucker cremig schlagen. Die Hälfte des Holunderweins zufügen und unterrühren. Die Gelatine in etwas kaltem Wasser einweichen, ausdrücken, im restlichen Holunderwein auflösen, zur Ei-Zucker-

Mischung geben und glattrühren. Die Creme kaltstellen, bis sie anfängt, fest zu werden.

3 Eiweiße und Sahne getrennt steif schlagen. Eischnee und Sahne unterheben und die Creme weitere 2-3 Stunden kaltstellen. Zu Früchten servieren oder mit Sternfrucht garnieren.

Holunderblütenbrot

Für 2 Brote
1 Würfel Hefe (40 g)
600 ml lauwarme Milch oder Buttermilch
10 g Zucker · 1 kg Mehl
2 reife Holunderblütendolden · 20 g Salz
abgeriebene Schale von 2 unbeh. Zitronen
Butter zum Einfetten und Bestreichen

1 Hefe und Zucker in 100 Milliliter lauwarmer Milch auflösen. Das Mehl in eine Schüssel sieben. Die Holunderblüten abzupfen und zusammen mit dem Salz und der Zitronenschale zum Mehl geben. Die Hefemilch und die restliche Milch zufügen und alles so lange kneten, bis ein elastischer Teig entstanden ist.

2 Den Teig an einem warmen Ort mit einem feuchten Tuch zugedeckt 1 Stunde gehen lassen, noch einmal etwa 5 Minuten lang kräftig durchkneten und in 2 gleich große Stücke teilen. 2 Kastenformen mit je 26 cm Länge mit etwas Butter einfetten. Die Teigstücke jeweils zu einer 26 cm langen Rolle formen, hineinlegen und mit etwas weicher Butter bestreichen.

3 Den Teig an einem warmen Ort zugedeckt noch 2 Stunden gehen lassen. Den Backofen auf 200 °C (Gas Stufe 3-4) vorheizen und eine kleine Schüssel mit Wasser unten in den Ofen stellen. Die Brote auf der mittleren Schiene in etwa 45 Minuten goldbraun backen, herausnehmen, nach 15 Minuten aus den Formen lösen und auf einem Kuchengitter lauwarm abkühlen lassen.

An Julchen

Ein Schmetterling wischt im Flatterflug
Staub aus Deiner Seele

Wenn das grüne Gras Dich trägt
heilt Dich Holunder mit seinem Duft

lässt der stille See seine Kühle
durch Deine Sinne fließen

alles heilt.

GEORGES ETTLIN

Erdbeer-Holunderblüten-Marmelade

Für 4 Gläser à 500 Gramm

1 kg reife Erdbeeren · 1 kg Gelierzucker
1 reife Holunderblütendolde

1 Die Erdbeeren waschen, abtropfen lassen, putzen und vierteln. Die Früchte in einem Topf mit dem Gelierzucker mischen und unter Rühren zum Kochen bringen. Die Marmelade etwa 10 Minuten kochen lassen und den Schaum abschöpfen.

2 Die sauberen Gläser heiß ausspülen. Die Holunderblüten abzupfen, in den Gläsern verteilen und die kochendheiße Marmelade einfüllen. Die Gläser gut verschließen.

Holunderlimonade

FÜR ETWA 3 LITER
10 reife Holunderblütendolden
(oder 100 g getrocknete Blüten)
200 g Blütenhonig · 3 EL Obstessig
1 unbehandelte Zitrone
Saft von 2 Zitronen

1 Die Holunderblüten kalt abspülen. 3 Liter Wasser in einem großen Topf mit Honig, Essig und den Blüten vermischen. Die Zitrone in Scheiben schneiden und dazugeben, den Zitronensaft zufügen und alles umrühren.
2 Die Limonade 24 Stunden stehen lassen, umrühren und durch einen Kaffeefilter in Flaschen umgießen. Im Kühlschrank 4 Tage haltbar.

Holunderblütensirup

Für etwa 5 Liter

40 Holunderblütendolden · 2 kg Zucker
60 g Zitronensäure (aus der Apotheke)
3 Zitronen, in Scheiben geschnitten

1 Die Blütendolden kurz abspülen, trockentupfen und in ein großes Steingutgefäß geben. 3 Liter Wasser mit dem Zucker aufkochen und erkalten lassen. Das Zuckerwasser mit Zitronensäure und Zitronenscheiben mischen und über die Blütendolden gießen. Alles gut umrühren und zugedeckt 6 Tage an einem kühlen Platz stehen lassen.

2 Den Sirup durch ein Tuch gießen, in saubere Flaschen füllen und die

Flaschen gut verschlossen im Kühlschrank aufbewahren. Den Sirup nach Belieben mit Mineralwasser oder Sekt auffüllen.

Holundermilch

Für 1-2 Portionen
2 reife Holunderblütendolden
2 Tassen Milch
je 1 Prise Ingwer, Safran, Zimt, Vanille
Honig nach Geschmack

Die Dolden waschen, trockentupfen, mit der kalten Milch und den Gewürzen zum Kochen bringen, 10 Minuten ziehen lassen und abseihen. Nach Belieben mit Honig süßen.

Holundersekt

Für 7-8 Flaschen
à 0,75 Liter
50 reife Holunderblütendolden
Saft von 4 Zitronen
250 ml guter Apfelessig
400 g Zucker · 3 Limetten

1 Die Blütendolden portionsweise 10 Minuten in kaltes Wasser mit Zitronensaft legen. In einem großen Steinguttopf 5 Liter abgekochtes Wasser mit dem Apfelessig und Zucker verrühren, bis sich der Zucker aufgelöst hat.

2 Die Limetten waschen, der Länge nach in dünne Schnitze schneiden und mit den Holunderblüten in die

Zucker-Essig-Mischung geben. Den Topf mit einem Tuch bedecken und eine Woche an einen warmen, luftigen Platz stellen, dabei ab und zu umrühren, sonst aber nicht bewegen.

3 Die Blüten und Limettenstücke herausnehmen und die Flüssigkeit durch ein feines Tuch in saubere Sektflaschen bis zum Ansatz des Flaschenhalses gießen. Die Flaschen mit Korken und Draht verschließen und den Sekt kühl und dunkel 3 bis 4 Wochen lagern, bis sich die Kohlensäure gebildet hat.

Holunderbowle

FÜR ETWA 3 LITER
50 reife Holunderblütendolden
Saft von 4 Zitronen · Saft von 2 Limetten
1 Flasche trockener Weißwein · 2 Flaschen Prosecco · 1 Flasche Mineralwasser

1 Die Blütendolden portionsweise 10 Minuten in kaltes Wasser mit Zitronensaft legen, herausnehmen, zusammen mit dem Limettensaft in ein Bowlengefäß geben und mit dem Weißwein auffüllen. Die Bowle zugedeckt etwa 4 Stunden ziehen lassen. Den Prosecco und das Mineralwasser inzwischen kalt stellen.

2 Zum Servieren Prosecco und Mineralwasser ins Bowlengefäß gießen.

Holunderblütenessig

FÜR ETWA 0,5 LITER
3-5 große reife Holunderblütendolden
500 ml Obst- oder Rotweinessig

1 Die Blütendolden waschen, trockentupfen, locker in eine saubere Flasche geben und mit dem Essig übergießen. Die Flasche verschließen, an einen schattigen, zimmerwarmen Platz stellen und den Essig 4 bis 6 Wochen ziehen lassen.

2 Den Essig durch ein Haarsieb oder einen Kaffeefilter in eine saubere Flasche umgießen. Die Flasche gut verschließen.

Rezepte mit Holundersaft und -sirup

Holunderschnitten

Für 4 Stück
2 TK-Blätterteigplatten à 50 g
100 ml Holundersaft (siehe Seite 72)
100 ml Apfelsaft · 4 Blatt weiße Gelatine
200 g Mascarpone · Puderzucker
30 g gehackte Pistazien

1 Die Blätterteigplatten auftauen lassen, zu 14 x 14 cm großen Quadraten ausrollen und diagonal halbieren. 2 Bleche mit Backpapier auslegen und die Teigstücke darauf legen. Den Backofen auf 180 °C (Gas

Stufe 2-3) vorheizen und die Schnitten darin 20 bis 25 Minuten backen.

2 Holunder- und Apfelsaft mischen. Die Gelatine in etwas kaltem Wasser einweichen, ausdrücken, auflösen und unter den Saft rühren. Den Saft 10 Minuten ins Gefrierfach stellen. Den Mascarpone mit 4 Teelöffel Puderzucker cremig rühren und mit dem Holundersaftgelee vermischen. Die Creme 20 Minuten kalt stellen.

3 Die Blätterteigschnitten aus dem Ofen nehmen, abkühlen lassen und waagerecht halbieren. Die unteren Hälften mit jeweils 1/4 der Holundercreme bestreichen, mit Pistazien bestreuen und die oberen Hälften wieder aufsetzen. Die Schnitten mit Puderzucker bestäuben und sofort servieren.

Holundercreme mit Birnensauce

FÜR ETWA 8 PORTIONEN
1 Päckchen gemahlene weiße Gelatine
6 Eigelb · 140 g Zucker
250 ml Holundersaft
500 ml trockener Weißwein
3 EL Cassis (Johannisbeerlikör)
250 g Sahne · 1 kg Birnen
2 Vanilleschoten · 2 EL Himbeergeist

1 Die Gelatine in 3 EL kaltem Wasser verrühren und 10 Minuten quellen lassen. Die Eigelbe mit 3 Esslöffel Zucker, dem Holundersaft und 125 Milliliter Wein verrühren und im heißen Wasserbad zu einer dicklichen Creme aufschlagen. Die Gelatine unterrühren, bis sie sich aufgelöst hat. Die Creme im kalten Wasserbad weiterrühren, bis sie eindickt, und den Likör zufügen. Die Sahne steif schlagen und unterheben. Die Creme zugedeckt 2 Stunden in den Kühlschrank stellen.

2 Die Birnen schälen, halbieren und das Kerngehäuse entfernen. Die Birnenhälften in einen Topf geben. Die Vanilleschoten längs einritzen, das Mark herauskratzen und mit dem restlichen Zucker und dem restlichen Wein zu den Birnen geben. Die Birnen weich dünsten und herausnehmen, 2 Hälften in Spalten schneiden und beiseite stellen. Die restlichen Birnen pürieren, mit Himbeergeist beträufeln, kalt stellen und etwa 20 Minuten vor dem Servieren in den Gefrierschrank stellen.

3 Die Sauce mit dem Schneebesen nochmals kräftig durchrühren, mit der Creme anrichten und mit den Birnenspalten garnieren.

Da strömt ein Duft ins Tal hinunter
Von wildem Thymian und Holunder.
Von Minze und von Heckenrosen
Will uns ein sanfter Hauch umkosen.
MATTHEW ARNOLD

Holunder-Apfel-Gelee

Für 6 Gläser à 500 Gramm

1 l Holundersaft
500 g aromatische Äpfel
5 EL Calvados (Apfelschnaps)
1 kg Zucker
2 Päckchen Geliermittel
1 Päckchen Zitronensäure

1 Den Holundersaft in einen Topf geben. Die Äpfel vierteln, schälen und die Kerngehäuse entfernen. Das Fruchtfleisch fein würfeln und zum Saft geben. Calvados zugießen, den Zucker einrühren und die Äpfel bei mittlerer Hitze 5 Minuten kochen.

2 Das Geliermittel nach Packungsvorschrift mit der Zitronensäure zufügen und das Gelee bei schwacher Hitze 1 Minute weiterkochen.

3 Den Schaum von der Oberfläche abschöpfen. Das Gelee sofort in saubere, heiß ausgespülte Gläser mit Schraubverschluss füllen und die Gläser fest verschließen.

Holundersaftschorle

FÜR 1 LITER
150 ml Holundersaft
150 ml Grapefruitsaft · 400 ml Apfelsaft
300 ml Mineralwasser

Holunder-, Grapefruit- und Apfelsaft mischen und mit Mineralwasser auffüllen.

Holunderpunsch

FÜR 10 PORTIONEN
3 Beutel Früchtetee · 3 Gewürznelken
1/2 Zimtstange · 3 EL Honig
1 Zitrone · 2 Orangen
500 ml Holundersaft · 1 l Apfelsaft

1 500 Milliliter Wasser zum Kochen bringen, die Früchteteebeutel damit übergießen und Nelken, Zimtstange und Honig zugeben. Den Tee 15 Minuten ziehen lassen.

2 Holunderbeersaft und Apfelsaft in einem Topf kurz erhitzen. Zitrone und Orangen auspressen. Den Saft in einer großen Kanne mit dem Apfel-Holunderbeer-Saft mischen und alles umrühren.

3 Den Früchtetee durch ein Sieb ebenfalls in die Kanne gießen und alles nochmals gut umrühren. Den Punsch warm oder kalt (mit Eiswürfeln) trinken.

Holunder-Joghurt-Drink

FÜR 4 PORTIONEN
200 ml Holundersaft
Saft von 1 unbehandelten Zitrone
3-4 EL Honig · 2 Prisen Zimt
1 Becher Naturjoghurt (150 g)
0,5 l eiskalte Milch · 1 Apfel

1 Den Holundersaft mit Zitrone, Honig und Zimt verrühren. Den Joghurt unterrühren und die Milch zugießen.

2 Den Apfel schälen, vierteln, das Kerngehäuse entfernen und die Viertel in dünne Scheiben schneiden. Den Drink auf 4 Gläser verteilen und mit Apfelscheiben garnieren.

Holunderglögg

Für 4 Portionen

50 g gehackte Haselnüsse · 50 g Rosinen
250 ml Holundersaft · 200 ml Orangensaft
unbeh. Orangenschale · 3 EL Zitronensaft
3 Beutel Früchtetee · 1/2 Zimtstange
6 Gewürznelken · 1 Sternanis

1 Haselnüsse und Rosinen über Nacht im Holundersaft einweichen. Orangenschale, Früchtetee und Gewürze mit 700 ml kochendem Wasser überbrühen und 10 Minuten ziehen lassen, dann durch ein Sieb gießen.

2 Den Holundersaft mit Nüssen und Rosinen sowie den Orangen- und Zitronensaft dazugeben, alles erhitzen und nach Geschmack süßen.

Holunderglühwein

FÜR 10 PORTIONEN
1 l Holundersaft · 3 EL Zucker
4 Gewürznelken · 1 Zimtstange
abgeriebene Schale von
1 unbehandelten Zitrone
1 l Rotwein

Den Holundersaft mit dem Zucker, den Gewürznelken und der Zimtstange aufkochen, durch ein Sieb abgießen und den Saft zusammen mit dem Rotwein nochmals kurz erhitzen. Heiß servieren.

Holundergrog

FÜR ETWA 1,5 LITER
700 ml Holundersaft
700 ml Orangennektar · 1 TL Honig
1 Msp. Ingwerpulver
1 Msp. Nelkenpulver
100 ml brauner Rum · 1 TL Zitronensaft

1 Holundersaft, Honig, Orangennektar, Ingwer- und Nelkenpulver in einen Topf geben und langsam erhitzen, aber nicht kochen.

2 Den Rum und den Zitronensaft zugeben, verrühren und alles auf kleiner Flamme kurz erhitzen.

Holunderlikör

Für etwa 2,2 Liter
1 l Holundersaft · 500 g Zucker
2-3 EL Vanillezucker
10 Tr. Bittermandelöl
350 ml Rum (54%) · 350 ml Korn

1 Den Holundersaft in einem Topf mit dem Zucker, Vanillezucker und Bittermandelöl kurz erhitzen, abkühlen lassen und mit dem Rum und dem Korn mischen.

2 Den Likör in saubere Flaschen füllen, fest verschließen und an einem kühlen, dunklen Platz mindestens 4 Wochen ziehen lassen.

Holundersirupkuchen

Für 12 Stücke

250 g Mehl · 125 g Butter · 1 Ei
1 Prise Salz
100 g geriebene Haselnüsse
250 g Holundersirup
25 g Speisestärke
1 Eigelb · 4 EL gehackte Mandeln

1 Aus Mehl, Butter, Ei, Salz und 50 Milliliter Wasser einen Mürbeteig kneten und den Teig 30 Minuten kaltstellen. Den Teig halbieren und jede Hälfte zu einem Kreis von 22 cm Durchmesser ausrollen. Eine Springform von 22 cm Durchmesser mit der Hälfte des Teigs auslegen, einen kleinen Rand hochziehen und mehrmals mit einer Gabel einstechen. Die Haselnüsse auf dem Teigboden verteilen.

2 Den Holundersirup mit der Speisestärke verrühren, aufkochen und in 15 Minuten bei geringer Hitze leicht eindicken lassen. Die Masse abkühlen lassen und auf dem Kuchenboden verteilen.

3 Den Teigdeckel auflegen und den Rand gut andrücken. Den Teigdeckel mit dem Eigelb bestreichen und mit den Mandeln bestreuen. Den Backofen auf 180 °C (Gas Stufe 2-3) vorheizen und den Kuchen darin etwa 50 Minuten backen. Den Kuchen herausnehmen, lauwarm abkühlen lassen, aus der Form lösen und mit gesüßter Schlagsahne servieren.

Holunder-Joghurt-Eis

FÜR ETWA 0,9 LITER

300 ml Milch · 3 frische Eigelb
50 g Zucker · 100 g Sahne · 300 g Joghurt
130 g Holundersirup (siehe Seite 100)

1 Eigelbe und Zucker schaumig rühren. Die Milch aufkochen, unter ständigem Rühren auf die Ei-Zucker-Mischung gießen und alles leicht erhitzen, sodass das Eigelb bindet, aber nicht gerinnt. Den Topf sofort in Eiswasser stellen und auskühlen lassen.

2 Die Sahne fast steif schlagen. Joghurt und Sirup verrühren. Die Ei-Zucker-Mischung unterrühren und die Sahne unterheben. Die Masse in der Eismaschine gefrieren lassen.

Rezeptregister

Aus dem lieferbaren Mini-Angebot

Kochbüchlein

Berlin & Mark Brandenburg kulinarisch
Bierbüchlein • Branntweinbüchlein
Brasilianische Rezepte
Champignon & Co • Alles vom Ei
Gemüseraritäten • Gesundes aus dem WOK
Exotische Gewürze • Grillbüchlein
Holunderrezepte • Kaffeebüchlein • Käsebüchlein
Kraut und Rüben • Kürbis-Büchlein
Lieblingskuchen
Mecklenburg-Vorpommern kulinarisch
Mehlspeisenbüchlein
Neues Fischbüchlein • Neues Nudelbüchlein
Neues Reisbüchlein
Noch mehr knackige Salate
Obstexoten • Ostpreußen-Kochbüchlein
Pfefferkuchenbäckerei
Pommern kulinarisch • Sachsen kulinarisch
Sachsen-Anhalt kulinarisch
Salzbüchlein • Sauerkrautbüchlein
Schlesisches Kochbüchlein • Schokoladenbüchlein

Sektbüchlein • Stollenbüchlein • Teevergnügen
Thüringen kulinarisch • Wein-Brevier
Whiskybüchlein • Zuckerbüchlein

Pflanzenbüchlein

Bäume & Sträucher • Heilkräuterbüchlein
Mythos Ginkgo • Kamelienbüchlein
Küchenkräuter • Naturapotheke
Faszinierende Rosen • Tulpenbüchlein

Der besondere Band

Hans Christian Andersen
Beloved Sisi • Berlin für die Westentasche
Das kleine Bach-Büchlein • Bier-Büchlein
Auf der sächsischen Burgen- und Schlösserstraße
Wilhelm Busch
Dresden für die Westentasche (auch in engl.)
Erzgebirgisches Weihnachtsbüchlein
Fairy Tale King Ludwig • Faust-Zitate
Frauen-Weisheit • Fußball-ABC
Fürst Pückler • Die grüne Fee: Absinth
Geliebte Sisi • Glanz des Schönen
Goethe-Zitate • Halle für die Westentasche

Heine-Zitate • Hundebüchlein
Das kleine Kamasutra • Katzenbüchlein
Küchenbüchlein
Leipzig für die Westentasche
Liebes Bett • Magdeburg für die Westentasche
Märchenkönig Ludwig II. • Claude Monet
Wolfgang Amadeus Mozart
München für die Westentasche
Nietzsche-Zitate • Philosophinnen-Sprüche
Rainer Maria Rilke • Joachim Ringelnatz
Das kleine Sachsenbuch
Sandmännchen-Büchlein • Schiller-Zitate
Schnupfenbüchlein • Shakespeare-Zitate
Sommerglück • August Strindberg
Von Jahr zu Jahr
Wetter- & Bauernregelbüchlein
Weimar für die Westentasche • Weinbrevier
Auf der sächsischen Weinstraße
Weisheiten der Welt • Winterglück
Witz und Weisheit der Tataren

BuchVerlag für die Frau
Gerichtsweg 28 · 04103 Leipzig